AF177416

Almina Kolland

SCHLANGENKNISTERN
unterm
SEIDENUMHANG

Gedichte

Verlag: tredition GmbH, Hamburg
ISBN - Paperback: 978-3-7469-3429-7
ISBN - Hardcover: 978-3-7469-3430-3
ISBN - E-Book: 978-3-7469-3431-0

Umschlaggestaltung: Creative Design Corner
Titelbild: © Thomas Zobl - Shutterstock
Layout: Almina Kolland
Korrektorat: **Almina Kolland**

INHALTSVERZEICHNIS

ODEN AN DIE VIER JAHRESZEITEN

AUSZÜGE AUS DEN LYRIKBÄNDEN

Lippenbekenntnisse der Unsterblichkeit

Handschrift des Herbstfrühlings

VORWORT

Zeitlos schön ist mein Gedanke an dich,
zeitlos schön ist mein Glaube an dich,
zeitlos schön bist du in meinem Gedicht.

Liebe Leser und Leserinnen,

in diesem Lyrikband möchte ich das knisternde Feuer der Leidenschaft wiedererwecken. Hinter dem Sinnbild der Schlange steckt die Verführung im Detail, die Sünde unterm Seidenumhang kann verführerisch und zugleich beängstigend sein. Liebe hat besondere Gaben, sie kennt keine wahrhaftige Angst, überwindet Hindernisse und scheut auch vor den Tücken im Leben nicht. Tauchen Sie ein in die Geheimnisse der Liebe, lassen Sie sich vom Schlangenknistern entführen in eine zeitlos schöne Welt der belebenden Liebeslyrik.

Herzlichst Ihre,
Almina Kolland

LYRIK

Unterm Seidenumhang

Wenn die Weite der Himmelsfront
leicht den Meeresspiegel umhüllt,
der letzte warme Sonnenstrahl
in das Mondlicht flackernd gleitet,
trägt der Antlitz deiner Schönheit
einen Funken vom ewigen Zauber
des versteckten ersten Sommers.

Wie eine Sanddüne die Wüste
mit ihrem goldigen Kies belebt,
beleben deine zärtlichen Lippen
den Wind, der spielerisch weht,
der auch mit Schwung in Sünde
deines gefährlichen Kusses bebt.

Der Wellen berauschende Klänge
folgen deinem Thron zur Nacht,
ein Trommelwirbel bei jedem Biss
ins schmackhafte Herz der Liebe
begrüßt das Feuer über dem Wasser.

Verbotene üppige Früchte liegen
verstreut zu deinen Fußspitzen,
bedrohliches Zischen nähert sich
langsam deinem nackten Körper,
feuchte Zungen umspielen sanft
die Haut um deinen Bauchnabel.

Das Schlangenknistern begehrt
unterm Seidenumhang
deine verruchten Geheimnisse,
wo eine verführerische Traumwelt
heiße Sommergelüste empfängt.

Einsame Küste

Wohin sollen sie gehen,
diese verwunschenen Tränen,
die strömen über das Gesicht,
wohin gehst du?
Aus meinem ruhelosen Leben.

Rundherum dreht sich einiges,
dann begegne ich der Minute
als du im Sturm gestanden bist,
dort wo vor langer Zeit unsere
Liebeslieder besungen wurden.

An welche Stelle soll ich treten,
alles was ich habe, alles was ich
nicht habe, das bist bloß du
in meiner vergeblichen Ruh.

Ich bleibe eine einsame Küste, die
wortlos aus ihrer Hölle brüllt,
das ewige verdammte Leid,
das ewige verdammte Sein.

Welches Ziel ist schwerer,
wohin gehst du?
Über den befleckten Schatten
meiner einsamen Verdammung.

Wohin kann ich auswandern,
weggehen von meinem Willen,
noch einmal die Umarmungen
nahe deiner Liebe zu spüren.

Lebendige Schönheit

Pendelnd vom Pfad der Vergänglichkeit
wanderst zum Pfad deiner Unendlichkeit,
gehst über Brücken wo der leiseste Wind
mit deinem Namen im Einklang schwingt.

Von der Ganzheit deiner Gefühle geprägt
gibst dem Zeitenwandel innige Liebe zurück,
im Schoss deiner lebendigen Schönheit
steigen lodernde Flammen den Himmel
hinauf bis zum runden Mondgesicht.

In den milden Augen deiner Lebenslust
ist tieferes Vertrauen kein Weltschein,
berührst den kleinen Fuß vom Menschen
der ohne Tanz nicht vollkommen sein kann.

Frierendes kleines Herz

Deine einst rötlichen Wangen
ziehen einen blauen Schleier
über das regungslose Gesicht,
es schlottern deine Knochen
unterm frostigen Hautmantel.

Schleichend mit einem Hauch
vom noch lebendigem Schein
umklammert die Gefühlskälte
dein frierendes kleines Herz.

Das Eiskalte in deinen Augen
hält seit langer Zeit Ausschau
nach der einen Freundschaft,
deren herumirrende Seele an
deinem eisigen Blick zerbricht.

Deine abgekühlte starre Brust
macht die Atemzüge schwerer,
wie ein riesiger Eisberg verharrst du
hinter der Einsamkeit ihrer Tür.

Spiel der Begierde

Ein kleiner tropfen Rosenöl
auf dem zierlichen Halsrücken
mit einer letzten Freudenträne,
die streift über das ganze Gesicht.

Neben dem Bett still schweigend
liegen auf dem weichen Polster,
die schwankenden Erinnerungen.

Hat sich unsere Schicksalsspur
dem blassen Tode zugeneigt
verbreitet die Liebe den Duft
einst vergessener Zartheit.

Nächte der Sinne beraubt
finden für ihre Träumereien
keinen ruhigen Schlafplatz mehr.

Noch lebendig anhaltend sind
die Lust entbrannten Gefühle,
deren geheimnisvolle Gedanken
unsere Augenblicke paaren.

Was das Herz zu tiefst berührt
erfährt die nahe Zukunft nicht,
die langen Nächte verschlangen
in einem lüsternen Atemzug,
dass prickelnde Spiel der Begierde.

Schlangenherz

Wie die Klinge eines scharfen Messers
durchbohrt der bittersüße Schmerz
dein einsam großes Schlangenherz,
weinerlich dem Narren gleich gesinnt
führt die Dunkelheit deinen Körper
entlang der unausgesprochenen Wahrheit.

Diese Dunkelheit, ihre Macht ist fremd,
in deiner Nähe ist sie doch die Freundin
verkleidet im Mantel aller Geschehnisse,
entleert in deine Adern ihr kühles Blut
und verführt schwungvoll dein Wesen,
dass im Elend träge vor sich hin treibt.

Deine Freundin, die Finstere, gerüstet
durch den Verrat geblendeter Liebschaft
folgt wachsam ihrem steinigsten Weg,
stark gebannt vom Verlangen, unauffällig
schleicht sie getarnt im schwarzen Schatten
verzückt von deinem gebrochenen Herzen.

Mondesklang

Sie schmücken die Lebensnächte,
versprühen ihr Funkeln aus der Ferne,
wir spüren das Sanfte in ihrer Wärme,
genießen dies prachtvolle Lichterspiel,
das in den verträumten Augen näher
am Horizont als der Frieden erscheint.

Würde unseres Schicksalsleid dem Zufall
ein Lied vorsingen wäre dieses begleitet
vom Mondesklang der ruhelosen Seele,
die durch ihre Handflächen nicht weiß,
ein Leben ohne Liebe ernst zu nehmen.

Noch ist die Leinwand einsam und leer,
die Angst vordem verlustreichen Dasein
macht es den Herzensschreien oft schwer,
des Glücks Fingerabdrücke in Bildern
geprägt aus der wahren Unsterblichkeit
dem Funkeln der Sterne zu überlassen.

Leben ist einmalig

Wenn die verbleibende Lebenszeit,
anfängt, alle wankenden Schritte
unerfüllter Wünsche zu zählen,
werden all die Jahre unwichtig.

Das Herz hüpft über den Verstand
geradeaus durch die karge Wand
in den dumpfen Schmerz hinein,
es ist nicht bedauerlich, denn
Leben ist einmalig.

Jener Mensch, der ohne Fehler sei,
werfe einen kleinen spitzen Stein,
vielleicht steht sein Gegenüber
nicht mehr sorgenlos auf einem Bein.

Vielleicht wacht sein Gegenüber
mit einer blutenden Seele auf
und schaut um sein Wesen herum,
bewarf er doch aus einer Laune heraus
unbewusst sein eigenes Spiegelbild.

Band unerfüllter Wünsche

Sie ertrinkt an ihren Sehnsüchten,
Gefühle schwankten ins eiskalte Meer,
die unerwiderte Liebe des Geliebten
stieß ihr Herz in unheimliche Tiefen,
wo der unbarmherzige Kummer am
Schmerz seine Bereicherung fand.

Rundherum rauschen die Wellen,
der Klang ihrer Tränentropfen
über dem betrübten Gesicht,
das Kratzen einer leidenden Seele,
die aus dem Leib der warmen Brust
ins Unendliche des Meeres weicht.

Ihr Körper treibt über dem Wasser,
nur geistlos kann sie nichts spüren,
der Kräfte beraubt zerfällt ein Band
unerfüllter Wünsche zu feinem Staub,
die Liebe von der Trauer befreit
gleitet zum Meeresboden hinab.

Verschleierte Nacht

Deine Augensterne sehen
den verborgenen Spiegel
meiner lasterhaften Seele,
die weint um jedes Stück
verlorener Zärtlichkeiten.

Schweifst mit den Blicken
langsam über das Gesicht
entlang meiner trockenen,
verdurstenden Lippen.

Meine Stimme verstummt,
der Hals ist wie verknotet,
wenn deine Berührungen
von meiner Gesichtshaut
zart zum Körper abgleiten.

Vorsicht kennt dein
ungebrochener Wille nicht,
diese verschleierte Nacht
führt deine Hände sanfter
an die Wärme meiner Brust.

Willst meine Lippen küssen
und den Frühling im Winter
mit schwerelosen Gefühlen
erneut in uns wach rütteln.

Liebesgeschichte

In deiner zugewachsenen Wunde
verharren die Narben meiner Liebe,
ohne Gnade geht jene Zeit vorbei
in der wir mehr als Freunde waren.

Während die Stunden verstummen,
läuft der Morgen mit seiner Sonne
schneller anderen Bahnen entgegen,
meine Angst bleibt am Rande stehen.

Deine fremd gewordenen Gefühle
steuern meine verwirrten Gedanken,
sind die Pfeile gespitzt finden zwei
gespannte Bögen nicht zueinander.

Der süßeste Kern wurde gespalten
durch den Abschied meiner Freude,
Traurig leidet eine Liebesgeschichte
mit einem geschmolzenen Herzen.

Wie ein Schmetterling

Lass die Musik meine Seele berühren,
deinen Rhythmus im Körper spüren,
lass ab von den losen Liebesschwüren,
die uns innerlich nicht mehr führen.

Gefolgt vom Plan, fliegen zu lernen,
breite die Flügel aus und flieg, flieg,
wie ein Schmetterling in die Freiheit,
deiner grenzenlosen Leidenschaft.

In den Ecken der erhellten Wände
folge meinem sanften Schattenumriss
zu einem anderen Raum dieser Erde,
lass das Ende keine Zeit verschwenden.

Spring von deinem vereisten Turm,
lerne fliegen, erstarre nicht im Dunkeln,
meine Flügel werden deine schwingen
und beim Landen die Schmerzen stillen.

Ihr Seelengemälde

Das Feuer im Kamin flackert auf,
ist ihr Seelengemälde entbrannt,
vor sein Geistiges Auge gerannt,
vom kräftigen Schluck Rotwein,
ist seine Beobachtung feinfühlig,
wach im Inneren etwas schläfrig,
sieht die schönste Frau im Raum
auf einer prächtigen Bildwand.

Ihre Pfirsichwangen möchte er
mit seinen Lippen gern küssen,
die schweifenden Gedanken an
die Fruchtbarkeit ihrer Lippen,
kreisen in seinem wirren Kopf,
die Träumereien lassen sein Blut
in den Adern schneller auflodern.

Durchdrungen von einer Macht
der ungezügelten Leidenschaft
fühlt er die Sanftheit ihres Körpers
auf der brennenden Hautfläche
seines hemmungslosen Körpers.
Betrunken, nicht von dem Wein,
willenlos durch ihre Schönheit,
schlittert sein Herz mit der Pein
in eine neue Lebensreise hinein.

Im Feuerkreis

Ich atme zum blauen Himmel hinauf,
sehe dass dichte Wolken ihn bedecken,
ich erkenne auch im hellen Tageslicht
den runden Mond mit all seiner Macht,
die leuchtende Kraft ist sehr verblasst.

Zwischen dem Raum und kurzer Zeit
sind die Möglichkeiten liegen geblieben,
bedingungslos sind wir an die Stunden
unserer Träume aneinander gebunden.

Sehnsüchte sind die Blicke nach vorne,
wir sehen zusammen den grünen Wald,
kein Baum, kein großer, kein kleiner,
kein Ast steht auf unserem fernen Weg.

Während Gaukler die Seiten der Liebe
leise auf ihren Zehenspitzen umgehen,
bleiben wir beim auflodernden Feuerkreis
aus Wahrhaftigkeit der Gefühle stehen.

Dichte schattige Wolken schleichen sich
in Sekundenschnelle hinterm Rücken an,
unsere Liebe wandert nicht mit, sie bleibt
im Feuerkreis der starken Leidenschaft.

Er sagt ihr, sie schweigt

Er sagt sie kann nicht wirklich lieben,
eine seltsame Stille zieht ihre Spuren
durch den Raum indem sie schweigt.
Er sieht durch seine Finger nicht,
weder den Tag, weder die Nacht,
ihr Schweigen bleibt ungebrochen.

Sie wirkt müde von dem Gedanken,
der in dieser Stille in ihrem Kopf
unausgesprochene Worte toben lässt.
Er hört nur sein trübes Gerede
aber die Stille bleibt an ihrem Platz,
wo sie nichts mehr ihm zu sagen hat.

Sie wendet ihre kurzen Blicke gesenkt
von ihrem Gegenüber ab in Richtung
der offenen Tür nähern ihre Beine sich,
Er schaut verdutzt zu ihren Schritten,
hofft möge sie doch stehen bleiben,
und ihr Schweigen endlich brechen.

Er sagt ihr
noch einmal sie könne nicht lieben,
kann sie nicht oder spricht die Stille
ihres ungebrochenen Schweigens für sie.
Er reibt seine Hände fester aneinander,
fängt an zu flüstern im leisesten Ton,
er bemerkt sie ist längst fortgegangen
und hat sein Herz mitgenommen.

Verrat wie der Tod

Du konntest ihn kurz
mit einem Auge sehen,
in sein Gesicht blicken,
ihn auf deiner rauen Haut
vom Kopf bis zum Fuß
entlang der Lenden spüren.

Wolltest ihn mit den Lippen
bewusst lange schmecken,
du dachtest der Genuss
würde auf deiner Zunge
wie eine Sünde zergehen.

Du hast ihn wohl erkannt,
die wahre Unsterblichkeit,
gekommen aus dem Nichts
um in das Nichts alles Leben
seiner Zeit mitzunehmen.

Nein, du bist nicht bereit
für dessen unstillbares Leid,
angelehnt an das Lebende
bleibt der Verrat wie der Tod
eine stumme Wahrheit.

Melodie einer Melancholie

Farblos sind die Hauswände
trister ist der Alltagstrott,
das Herz hört wachsam hin,
Klänge einer sanften Melodie,
sie gleicht ihrer Melancholie.

Gefesselt bist du Traurigkeit,
weinst einsam bittere Tränen
im Gelächter der Lebendigkeit,
nicht stumm treibt in der Stille
deine kindliche Vergessenheit.

Die Zeit wandelt den Moment
gegenüber allem Lebendem,
dass in der Stille erkennen kann,
die Melodie einer Melancholie
begleitet von ihrem Willen allein
ohne schweren Wortes zu sein.

Schatten des Mondes

Ein Adler flog mit einem Flügel
in seine geliebte zügellose Freiheit,
ich sah ihn weit von allem entfernt,
der sein Feuer ins kalte Wasser stößt.

Er erinnert mich an die Ereignisse
unserer unvergesslichen Kindheit,
er erinnert an die winzigen Worte,
die unseren Kopf vor das Herz tat.

Ah, beflügelte rein gehemmte Fantasie,
die aus Schwärze der staubigen Asche
den ganzen Brustkorb tief durchdringt
und verblendete Augen der Erde bringt.

Ein großer Teil in unserem Kapitel
entführt meine aufflammende Begierde
in den Bann unermesslicher Schönheit,
presse meine Zähne fest an die Lippen
im Schatten des Mondes
unserer einst bestraften Leidenschaft.

Verzehrende Küsse

Während der Morgendämmerung
flammen verborgene Gefühle auf,
deine geschmeidigen Berührungen
gleiten spielerisch auf meiner Haut.

Deine Hand spielt mit meinem Haar,
wickelst die Finger um einzelne Strähnen,
streichst deine Wangen in mein Gesicht
diese vertraute Liebkosung verbrennt
meinen windenden Körper innerlich.

Schleckst mit deiner Zunge über den Hals
entlang meiner brennenden Lippen,
ich gebe meinen Atem dem deinen hin,
wo deine verzehrenden Küsse hinterlistig
der entbrannten Leidenschaft auflauern.

Tränen im Ozean

Ihre Spuren führen zum Ufer,
das nach deinem Herz schreit,
Felsen bedeckt ist dieser Weg,
dorthin gelangt nur ein Umweg
durch die Stein bedeckte Welt.

Eine leichte Windbrise schleicht
kühlend an deiner Haut vorbei,
die Felder scheinen trotz Wirbel
leichter Bewegungen still zu stehen.

Die Geliebte noch einmal sehen,
belebt in deinem Körper die Kraft
jeden einzelnen Stein auf dem Weg
mit bloßen Händen umzudrehen.

Vor der Klippe sind Erwartungen
höher als das Gefühl der Schwäche,
die aus deiner schweren Seelenlast
ehrliche Tränen im Ozean versenkt hat.

Unschuldige Freude

Unter den feinen Spitzen
des weißen Brautschleiers
fällt schwungvoll dein Haar
entlang der zarten Schultern
zum schmalen Rücken herab
und kitzelt leicht deine Arme.

Deine wirre Lockenpracht
wirbelt ungezähmt im Wind,
die lange schwere Schleppe
deines Brautkleides tänzelt
in der Windbrise vor den
Füßen deiner Lieben dahin.

Kleinere Tränen wie Perlen
fließen über dein Gesicht,
begießen den Blumenstrauß,
der in deinen zarten Händen
ohne Wasser getrocknet ist.

Im Tageslicht scheint heller
das Diadem auf dem Kopf
deiner unschuldigen Freude,
deren Erfüllung bleibt ferner
ein Gast brechenden Herzens
nachdem Leben vor dem Tod.

Rastloser Schmerz

Geh vorbei,
an meinem versteinerten Haus,
als führe keine Straße dorthin,
ohne Nummer nur Ziellosigkeit.

Geh vorbei,
an meiner triebhaften Sucht,
der Sucht Namens Sehnsucht
in Gift getränkter Hoffnungen.

Geh vorbei,
an meinen verbotenen Wegen,
als wären es größere Umwege
deiner kostbaren Lebenszeit.

Geh vorbei,
an meinem verdorbenen Traum,
die buntesten Farben sind längst
verblasst im grellen Sonnenlicht.

Geh vorbei,
an meinem gebrochenen Herz,
als wäre es ein fremder Schein,
nie gehörte dies Herz dir allein.

Geh vorbei,
an meinem aufschreienden Leid,
schnellen Schrittes, zögere nicht,
eile gehobenen Kopfes anmutig.

Geh vorbei,
an meinen trockenen Tränen,
eine Träne wahrt den Schein,
die anderen sind ein Trugbild.

Geh vorbei,
an meiner verträumten Liebe,
sie ist bloß ein tieferer Schnitt
in deiner wunderlichen Welt.

Geh vorbei rastloser Schmerz,
finde in den unruhigen Nächten
dir einen ebenbürtigen Feind.

Süchte der Begierde

Wegen der Lust, die so stark
an deine Brustwand drückt,
zitterst am ganzen Körper,
hörst dein unruhiges Herz,
es klopft in deinen Adern.

Langsam schmilzt die Sünde
auf deinen warmen Lippen,
das köstliche Hauptgericht ist
zubereitet im süßlichen Saft,
deiner versteckten Angst.

Ohne einen Wimpernschlag
tauchen deine Blicke in meine,
die Leidenschaft dauert länger
in zwei vibrierenden Körpern.

Süchte der Begierde
verführen die Abendstunden,
dein entfachtes Feuer ist wild,
kleine Schweißperlen gleiten
über meine Haare zur Stirn.
Der Wonne hingegeben packt
das Verlangen ein letztes mal
vor dem neuen Morgengrauen,
unsere bereits berauschte Liebe.

Mein beflügeltes Herz

Ein Unbekannter kreuzte meinen Weg,
sein Lächeln war neckisch mir zugewandt,
ein verspielter, unbekümmerter Geist
mit einem Schmunzeln im Gesicht,
verträumt und dem verschmitzten Blick.

Ein Bube dreist und frech mir zugewandt,
er sprach in einem erfrischenden Tonfall,
pendelte trotzig um mein beflügeltes Herz.
Stirnrunzelnd, skeptisch stand ich vor ihm,
wandte keinen Blick aus seinem Gesicht.

Irgendwie war dieser Fremde faszinierend,
ungehemmt stieß sein Fuß an mein Bein,
trat ich schon mit düsterer Miene zur Seite
trat er mir entgegen, gab keine Ruh, wer bist du?
Zugleich mit deiner Heiterkeit mir zugewandt.

Pech der Sehnsucht

Von der Trauer übertrumpft,
dem Trübsinn bedingungslos
ergeben sitzt ein Schmerzenslaut
tief in deinem zerrissenen Herz.

In deinem wulstigen Pelzkleid
fühlt die Seele dumpfen Zerfall,
des Unfriedens grausamer Stich
ist das ewige Pech der Sehnsucht.

Die Jahre, die du nennst, Tage,
vergessene Tage unter Nächten
vergangener beglückter Lieben,
es ist alles Nacktheit geblieben.

Verstummt sind deine Schreie,
auf Zehenspitzen schleichst
deiner Vereinsamung umher,
dass Leben will nichts abgeben
einem Dorn dessen Leidenslust
Gefühle in den Abgrund stürzt.

Spalte der Traurigkeit

An meinem Fensterbrett pocht leicht der Wind,
ich kann die grobe Veränderung wahrnehmen,
mit allen Sinnen dein zögerliches Leid spüren,
dass meinen Seelenfrieden durchdringen will.

Die Blumen in der Porzellanvase am Tisch
verwelken jämmerlich im schwarzen Wasser,
sehe deutlich unentfaltete Blütenknospen auf
den aus Liebe gewebten Teppich fallen.

Vor meinen Augen dein strahlendes Lächeln,
zerfällt zu Staub in die Spalte der Traurigkeit,
versuche mit den Fingerspitzen abzustreifen
die Dunkelheit, in die dein Gesicht rein taucht.

Zur Hausmauer prasseln Regentropfen nieder,
dein Tränenmeer überströmt meinen Kummer,
kann die Gefühle von der Trauerliste umgehen,
mein Herz in zwei Hälften auseinander nehmen.

Ich kann deine blutenden Wunden am Körper
mit meinen samtigen Lippen erneut aufsaugen,
doch könnte nicht dem Unwetter widerstehen,
deine Tränen mit meinen Küssen zu verzehren.

Deine Sonnenküsse

Deine Arme umgreifen
meine vibrierende Taille,
fest drückst meine Brust
an deinen harten Brustkorb,
der Atem stockt im Herzen,
ich fühle die Unendlichkeit
deiner unersättlichen Liebe.

Hältst mit beiden Armen
umschlungen noch fester
an meiner Zerbrechlichkeit,
die Augen wollen abschweifen,
auch sie bleiben starr wie ich,
verzaubert von deiner Kraft
bin ich eine reglose Skulptur.

Mit einer Handbewegung hebst
mein Kinn und führst sachte
den Mund an deine Lippen,
ich bin hin und hergerissen
von der Nähe dieser Gefahr.

Sie mag bedrohlich wirken,
angezogen von ihr, ringe ich
um jeden meiner Atemzüge,
ungezügelt ist die Erregung,
deine warmen Sonnenküsse
unter dem Sommerschleier,
der Blütenfülle Leidenschaft,
eine Würze die Leben einhaucht.

Deine feurigen Küsse kribbeln
auf meinen zärtlichen Lippen
ich weiß, ich bin die Geliebte
deiner wilden Sommernächte.

Eine beschwingte Reise

Ich sah deine Spiegelung
im schmierigen Fenster,
nahm die Tränen wahr,
einer vergangenen Zeit
die in allen Erinnerungen
unserer Träume schwelgt.

Heute wäre kaum denkbar
ein stillgelegter Zeitraum,
der vor sich hin schweigt
und die Wunden beweint,
heute wären kaum denkbar
die leeren Zimmerwände.

Würde diese Zeit im Kreis
ohne deine Zukunftsängste
vor der Stiege unserer einst
beleuchteten Straße umkehren,
durch die Wände würdest
wie unsichtbar meiner Wut
begegnen ohne Wehmut.

Durch die Welt würdest
eine beschwingte Reise
in mein Innerstes begehen,
samt den kleinen Tränen
neben dem Windhauch
deiner Seele, die meine Luft
niemals berühren konnte.

Kein kalter Winter

In den erleuchteten Morgenstunden
pochen unsere Seelen in einem Herz,
vertraut und verbunden ohne Müdigkeit
der herum tobenden Lebensstürme.

Unter dem aus Liebe bestickten Mantel
kreuzen die Blicke lautlos einander,
schmeicheln dem neu begonnen Tag
und tauchen in die Träume Verliebter.

Was unsere Seelen wortlos zurück lassen,
hat der Körper suchtvoll eingeatmet,
gelandet auf dem Schoss der Hoffnung,
reden die Hände in ihrer eigenen Sprache.

Ohne Wasser wurden die trockenen Lippen
durch sinnliches Küssen wiederbelebt,
so unbeständig der weiße Schnee sein mag,
unsere Gesichter strahlen Glückes farbenfroh.

Kein kalter Winter trübt den inneren Frieden
die Lebendigkeit bewahrt in einem Herz,
alles am Wegesrand tobt im kalten Wind,
Ewigkeit bleibt in unserem warmen Gemüt.

Ihre grenzenlose Liebe

Manchmal bleibt sie unbemerkt,
berührt dein Gesicht mit einem Blick,
doch deine Augen sehen ihre nicht,
deine Ohren hören ihren Herzschlag
aber folgen dem treuen Begleiter nicht.

Die ganze Welt kommt voller Leben
großen Schrittes deinem Weg entgegen,
am Boden bleiben die Küsse ihrer Sanftheit
bei den wirren Gassen der Vergangenheit
neben der schleierhaften Zukunft stehen.

In unbekannte Höhen lassen deine Hände
von ihren sorgsamen Händen zaghaft ab,
geknüpft an die zufälligen Geschehen
ohne deine Achtung mussten ihre Träume
die seit langem gehegten Wünsche umgehen.

Sie kann noch den Frühling spüren,
deine Ziele mit ihren Sehnsüchten
weiter führen, die Lebensreife
in deinem Leib wächst schneller
von einem Tag zur veränderten Nacht
nur durch ihre grenzenlose Liebe.

Weg der Leidenschaft

Sehnlichst erwartet sie,
deine erneute Rückkehr,
angezogen ist ihre Haut
mit der beißenden Liebe.

Hört sie deinen Namen
aus aller erbosten Munde
wirkt ihr ganzes Wesen
zart besaitet und schwach.

Das verwundete Einsame
ist ihrer Stärke Grausamkeit,
sie spricht aus was das Herz
in Gedanken festgelegt hat.

Findest keinen anderen Platz
kehrst zurück zum alten Weg,
weißt sie verzeiht den kurzen
in aller Munde banalen Umweg.

Weißt nicht um ihre Tränen,
um die Tropfen des Regens,
die abseits deine heimlichen
Wegbegleiter gewesen sind.

Sie wartet hinter der Brücke
des unbändigen Flusses
gefolgt von deiner Geburt
zum Weg der Leidenschaft.

Eine alte Wunde

Leise geht er zum plätschernden Wasserbach,
befeuchtet mit einer Hand sein traurig Gesicht,
er sieht wie die Laubbäume im Wind rascheln,
ein Sonnenstrahl den weiten Horizont durchbricht.

Wo seine Seele noch schlummert schmiegt
sich zu dem Körper das Gefühl des Vertrauens heran.
Vor den Füßen liegt die einsame Beschaulichkeit,
rundherum des Bodens sanftester grüner Schleier.

In gedanklicher Versunkenheit begreift er
die Zeit mit der spürbaren Erregung
in des Menschenhand,
seine Liebe versucht abzuschließen
mit dem Tag, der nie
eine alte Wunde im Herzen loslassen mag.

Hügel des Unfriedens

Vielleicht haben wir vergessen
oder haben wir es geleugnet
dieses endlose Schweigen,
der schwankenden Gedanken,
die schmerzlichen Gebete
auf den verletzlichen Lippen
und das beängstigende Heute
dass aus seiner tiefsten Seele
die Befreiung heraus schreit.

Wie können wir weiter gehen,
wie sollen wir im Hier bestehen,
auf einem Hügel des Unfriedens
die Hände in Unschuld waschen,
den zweifelnden Kopf ruhen lassen,
wie können wir Tränen vergießen,
die Tränen des verschmähten Leides.

Wie können wir es verstehen,
wenn der Hass alles Liebe aus
unserem kurzen Leben verdrängt,
wir haben vergessen wer wir sind,
ein Stück von unserem Selbst
gegen die Windrichtung gedreht.

Mutter der Rosen

Die Menschen ernährten ihre Seele
von deinen zärtlichen Handflächen,
ihr Leben fanden sie in deinen Augen,
der Genuss war ein schöner Handkuss.

Sie sahen den Garten indem die Mutter
der Rosen und ihre kleine Schwester,
alte Freunde mit tiefer Liebe wahrnimmt,
ihnen die Stimme der Vergebung zuspricht.

Wie von Hand gemalt wedelte dein Haar
im schwebenden Zustand der Erinnerung,
längst vergangene Zeit macht sich breit,
es blühen wieder vorm Garten zum Haus
deine Rosenknospen im Tageslicht auf.

Schwarze Witwe

Sie trägt ihren schwarzen Schleier
aus Samt und Tüll über dem Gesicht,
bewegt ihre langen Hände grazil,
mit dem Stil einer Königin scheint
sie fern dieser Zeit geboren zu sein.

Aus ihrer verwundeten Brust pocht
das kalte Herz eines einsamen Wesens,
in ihrem gewebten Netzring werden
ihre nahen Verehrer und Liebhaber um
Mitternacht mundtot gemacht.

Sie ist die wahre „Femme fatale", als
giftige schwarze Witwe bekannt,
ihrer Wollust ergeben beschreitet sie
die appetitlichen Bühnen des Lebens.

Die Tröpfchen Regen

Wenn ich deinen Namen seufze,
erinnert mich der neue Anfang
an die Morgenstunden in denen
ich meine Seele an deine Brust
fest klammere, bleib hier, verlass
die Seite meines Traumes nicht.

Du bist derjenige, der versteht
und die schöne Frau in mir erfüllt,
es gibt keine wahrhaftigen Sorgen
um der Zukunft ihre Willenskraft,
an der Seite deiner tosenden Liebe
bewachen die Engel meine Tage.

Für eine kleine Weile färbst du
die Welt in den buntesten Farben
der Erde, die manchmal zerfällt,
liegt auch der gewaltigste Berg
vor unserem pausenlosen Weg,
schwindet dieser Schreck gewiss.

Wenn ich über deinem Gesicht
die Tröpfchen Regen auffange,
sie in meinem Herzen austrage,
ist das keine Last, es ist eine Gabe
meiner bedingungslosen Hingabe.

ODEN AN DIE
VIER JAHRESZEITEN

Der Frühling schwebt daher,

der Sommer wird belebt,

der Herbst schwingt froh,

der Winter tänzelt ein.

Frühlingserwachen

Ein milder Regenguss tröpfelt die Wiesen
entlang dem Geruch wachsenden Grüns,
aufblühend wie das Buschwindröschen
ist der guten Laune freudige Erregung.

Warme Sonnenstrahlen ertasten die Haut,
der dicke Winterpullover wird im Schrank
in große staubige Schubladen flink verstaut.
Ein kurzer Rock über dem Gesäß verdeckt
keine Knie der unbeschämten Harmonie.

Hitzewallungen pulsieren mitten im Herz,
federleichte Gefühle vom Verliebtsein
treiben dem noch so unreiferen Gesellen
klitzekleine Schweißperlen auf die Stirn.

Der Regen bespritzt verschlafene Geister,
rüttelt alles aus dem tiefen Winterschlaf,
mit einer kitzelnden Nasenspitze verjagt
das Frühlingserwachen den Schneemann.

Sommerfrische

Im Liebreiz bekleideter Blütenmagie
ist der ganze Park bunt geschmückt,
den lauen Sommerabenden befallen
sind die Menschen mit Liebe beglückt.

Wohin das Herzauge sieht, Freude,
deren Reichtum im Bilderbuche steht,
viele lächelnde Gesichter umgarnen
mit ihren Händen und zarten Füßen
das wohl duftende Erdenparadies.

Eine lockere Windbrise begrüßt
den Charme erholsamer Stunden,
dass Vanilleeis zerrinnt im Munde,
alle erfreuen sich ihrer Sinnlichkeit,
erfrischend ist dieser Geschmack
wiederbelebter Sommerfrische.

Herbstanfang

Bäume schütteln ihr Sommerkleid ab,
süßliche Holzdüfte liegen in der Luft,
ein leichter Windhauch streift sanft
über die feuchten Gräser entlang.

Tautropfen zieren die Landschaft,
farbenfroh Laub bedeckte Straßen
in der kalten Jahreszeit anziehend,
von wärmster Leidenschaft erfüllt
ist das Leben von neuem geweckt.

Sonnenblumen strecken den Kopf
zum glasklaren Himmel hinauf,
in sattem Goldbraun umschmeicheln
die Weizenfelder den September.

Friedlich sind die verträumten Nächte,
der Morgen leicht in Nebel getaucht,
ausgeschlafen begegnen die Amseln
mit ihrem Gesang dem Herbstanfang.

Wintereinbruch

Kleine Schneeflocken rieseln
auf die trockene Erde hinab, die
Bergspitzen sind überzogen mit
der flockigen Leichtigkeit.
Noch grünen die Tannenbäume
doch sind bald ihre feinen Nadeln
mit dem leichten Moos bedeckt,
wie friedlich die Gegend sich in
ihrem weißen Brautkleid erhebt.

Laternen beleuchtete Straßen,
weisen dem Nachtschwärmer
die Spuren zu seinem Heimweg,
ringsherum die dunklen Wälder
erstrahlen im Diamantenglanz.

Stolzierend sinniert der Träumer,
möge nicht im Morgengrauen
des eiskalten Windstoßes verfliegen,
dieses belebte romantische Gefühl,
das wärmt kühle Nächte der Zeit.

Der erste Sonnenstrahl schmilzt
die Eiszapfen über der Dachkante,
klirrende Kälte klopft am Fenster,
verträumter Augen, müder Gesichter.

Gerötete Wangen mit kalten Nasen,
strecken ihre besorgten Gemüter
zum blau klaren Himmel hinauf,
das erkennbare fröstelnde Wesen
kann nur der Wintereinbruch sein.

AUSZÜGE
AUS DEN LYRIKBÄNDEN

Linien deiner Gesichtszüge

Aus deinen zierlichen Handflächen
treten Lebensgeschichten hervor,
bewegende, einfühlsame Geschichten,
Bürden deines eigenen Schicksals
die deinen weiten Weg bestimmen.

Geduldig mit einem starken Willen
lehrt deine Weisheit den Schwächeren,
dass eine vertraute Seele nur durch
erfüllte Liebe erhört werden kann
und niemals mit der wirren Strömung
des geblendeten Verstandes schwimmt.

Manch anderer hat kein ruhiges Gewissen,
an deiner Seite keinen ruhigen Schlaf,
niemand außer deiner leisen
Herzensstimme kann wissen,
welchen Sinn die tiefen Linien
deiner Gesichtszüge tarnen.

Sanfte Glut

Ein Moment leichter
Atempause verbindet
die wachsame Nacht
über den Wolken
der Ewigkeit.

Indem deine Nähe
winzige Schritte
meiner Träume
behutsam antreibt
verzaubert der Tag
die Fremden dieser
unheilbaren Welt
und teilt den Kampf
unserer heißblütigen
Leidenschaft.

Wie ein Testament
gewidmet der Reinheit
vor ihrem Schatten,
bewegt sich im Dunkeln
deine Herzensgüte
entgegen der Verzweiflung
meiner Unachtsamkeit.

Scheinbar grau
liegen geblieben
im feuchten Tau
ist der gesegnete Morgen
ein ungebetener Gast.

Das verletzlichste
Schicksal der Schicksale
bringt dein langlebig
lächelndes Gesicht
im Seelenfeuer
meiner sanften Glut
zur letzten Ruh.

Unverschämt kühles Herz

Aus der verborgenen
Unsicherheit entspringt
deine bodenlose Eitelkeit,
ah, wie sehr beklagst du
deine Bedürftigkeit,
deine kleinliche Angst
akzeptiert kein Nein.

Dein Wille missachtet
des anderen Gefühl,
du übst Macht
der Unbeständigkeit aus,
deine schmerzhafte
Verbitterung untersagt
die vollkommene Hingabe
der heilenden Gnade.

Du schwimmst gerne
im giftgrünem Teich,
deine Seele schäumt
vor brennender Wut,
wäre doch die Liebe
großzügiger zu dir
hättest du Ruh vor
deinem blassen Neid.

Dem Neid, der dein
unverschämt kühles Herz
in die Abhängigkeit
nackter Eifersucht treibt.

Schatten deines Spiegelbildes

Die Furcht trägst du
verborgen in deiner Brust,
deine unruhigen Hände
zittern mit dem Kummer,
der deine Seele spaltet.

Du schaust den Spiegel
deiner Vergangenheit an,
du kannst nichts sehen,
du kannst nichts erkennen,
du möchtest nicht mehr
vor den zerrissenen Seiten
deines Lebens treiben.

Du beklagst dein Leid,
dass dein Herz dir weh tut
wenn deine Kraft nachlässt,
du beklagst dein Leid
mit der Angst vorm Traum
der dich im dunklen Schatten
deines Spiegelbildes fängt.

Dieser dunkle Schatten
ist der Feind deiner Angst,
der Feind in dir selbst,
der dich auf der Erde
dem Boden deines Spiegelbildes
schmerzhaft zerbrechen lässt.

Eiszeit

Ich möchte all die Stille
deiner leeren Seele
mit meinem Atem füllen
und dein ganzes Wesen
zärtlich umhüllen.

Ich möchte
dass du mit mir schreist,
ich möchte
dass du mit mir lachst,
ich möchte
dass du mit mir weinst,
doch weiß ich,
diese Stille quält dich.

Sie ist unerträglich,
bewahrt ihre Kälte
in der alten Eiszeit,
wo deine Lippen
nicht mehr lebendig sind,
wo deine Küsse
nicht mehr meiner Liebe
Bestimmung sind.

Zum neuen Tageslicht

Wenn heute eine Träne
dein Gesicht berührt,
denk an mich,
und ein Lächeln
wird dein Tag sein.

Nimm die Wärme
meines Herzens an dich,
dann spürst du nicht
die Kälte,
wie sie versucht, sich
an dich zu schmiegen.

Auch dieser Tag
hat seine Nacht vor sich,
falls du einsam bist,
schlaf schnell ein,
in deinen Traum
komme ich und bin bei dir
zum neuen Tageslicht.

Schwanenfederkleid

Tanz für dich, tanz für mich,
dem Sommerregen entgegen,
gleite im Schwanenfederkleid
den Sternenhimmel entlang.

Tanz für dich, tanz für mich
über den Dächern unserer Stadt,
beweg dich den Wolken
ohne Fesseln hinab.

Tanz für dich, tanz für mich,
auf dem Pferderücken
durch den Wüstensand,
spring zur Mondspitze hinauf
und verschmelze mit Liebe
im Tanz der Leidenschaft.

Barfuß im Sand

Mitten im Wald steht einsam ein Strand,
mittendrin stehe ich barfuß im Sand,
meine Blicke streuen sich
über das ganze Land.

Zu einem fremden Ufer möchte ich treiben,
auf dem Grund des Meeres innere Stürme,
so launisch und ungewollt, leer vertreiben.

Bei jedem Schritt möchten meine Füße
in der warmen Windbrise gleiten
und im goldenen Sand fest kleben bleiben.

Ein Licht getaucht im Meeresmantel
bewegt meine Seele aus dem Sand
zum Fremdenufer entlang.

Hinterlassen im vergangenen Ort
bleibt das Leben im Wald
mit meinen Füßen am einsamen Strand.

Angst ohne Namen

Wie ein zarter Wind im Moment
streicht deine Hand sanft
über meinen Körper herab.
Sie erreicht die zittrigen Knie
und spürt Angst,
die keinen Namen trägt.

Angst,
die den Mut Liebe
unter sich begräbt.

In meinen Fingerspitzen
kribbelt es ganz stark,
dies sagt zu mir, es bricht ein
die schwarze Nacht.

Die unterm offenen Himmel
vor Sehnsucht brennt,
vor Sehnsucht
nach dem neuen Tag
nicht verbrennt.

So wie mein Herz
brennt vor Sehnsucht
nach jeder Berührung von dir,
verbrennt nicht mein Herzschlag
mit der Angst ohne Namen,

Angst,
die um den Mut Liebe kämpft.

Lebensmoment

Auf dem Boden von Sinnlichkeit
schütten blasse Hände schwarze Erde
zu ihrer Vergänglichkeit.
Im ewigen Windesdrehen
splittern Baumrinden
dem Regenklang entgegen.

Behutsam legt der Träumer
seinen Kopf aufs Polstereck.
Umhüllt von der Nacht
seines Lebensmoments,
verbreitet sich Waldesduft
über Gottesland entlang der Ewigkeit.

NACHWORT

Ich habe ein Lächeln in meinem Gesicht, den Optimismus in meinem Herzen.

Auch diesen Lyrikband widme ich den Menschen, die mit ihrer Liebe dem Leben Kraft wiedergeben. Kein Unmut, keine Angst soll die Stärke brechen, dass Beste aus jedem einzelnen Tag zu schöpfen. Was kann uns das Leben schöneres geben als die Sinnesfreude lieben und geliebt zu werden.

Ihre, Almina Kolland

EIN WENIG ÜBER MICH ...

Mein Name ist Almina Kolland, ich wurde am 28. Mai 1987 in Sarajevo geboren. Ich bin verheiratet und lebe derzeit in Kärnten/Österreich. Nach meiner Hotelfach- und Buchhalterausbildung wurde ich als Rezeptionistin tätig.

Die Tätigkeit als Rezeptionistin neben meiner selbständigen Arbeit als Lyrikautorin ist eine große Herausforderung für mich, dabei entstehen immer neue Ideen, die mich im Alltag inspirieren.

Ein besonderes Hobby von mir ist die Leinwandmalerei, hier kann ich meiner Lyrik einen Ausdruck in lebendigen Bildern verleihen und diese in Farbenpracht umhüllen. Lyrisches Schreiben ist schon immer eine Leidenschaft von mir gewesen. Zum Frühlingsanfang 2015 ist mein erster Lyrikband „Handschrift des Herbstfrühlings" erschienen, dieser besondere Band lädt die Leser zum Träumen ein. Kurz darauf folgte mein romantischer Lyrikband „Lippenbekenntnisse der Unsterblichkeit". In meiner Muttersprache Serbokroatisch veröffentlichte ich in Zusammenarbeit mit Elmedina Hodžic im Sommer 2016 den Lyrikband „Ispod Mjeseca Ljubavi" als Hommage für das Leben in einem ganzen Atemzug der Poesie.

Liebe bleibt der Einzigartigkeit

einer duftenden Rose gleich.

Zeitfracht Medien GmbH
Ferdinand-Jühlke-Straße 7
99095 Erfurt, Deutschland
produktsicherheit@kolibri360.de